DIE WINTERWELT DER TIERE

TEXT VON MARKÉTA ŠPAČKOVÁ & IRENA KOCÍ
ILLUSTRATIONEN VON JANA K. KUDRNOVÁ

circon

WINTERABENTEURER

Im Winter wird es um uns herum, in den Wäldern und auf Wiesen stiller. Der erste Schnee fällt. Doch ist es wirklich überall friedlich und ruhig? Da sind doch Spuren von Tieren zu sehen! Kleine und große Fußstapfen führen durch die Landschaft. Wie verbringen Tiere den Winter? Wird ihnen kalt? Wo finden sie ihr Futter? Komm mit – wir schauen nach!

Da sind Wildschweine, Rehe und Hirsche zu sehen. Sie sind unterwegs zu Futterkrippen. Die verschneite Landschaft schimmert im Mondlicht, während der Buntspecht – *ratatatat* – gegen einen Baum klopft. Rund um Vogelhäuschen in Gärten geht es jetzt turbulent zu, denn die Meisen streiten sich dort lautstark um ausgelegte Körner. An Gewässern kannst du auch viel beobachten: Verspielte Otter rutschen auf Schnee und Eis entlang und tauchen für einen Fisch-fang unter die Wasseroberfläche.

Wenn Seen und Teiche zugefroren sind, wühlen sich Fische auf dem Grund unter Wasserpflanzen ein und ruhen sich dort aus. Vor dem hungrigen Hecht müssen sie sich allerdings in Acht nehmen! Der hält nämlich auch bei Temperaturen unter null Grad Celsius nicht still.

Für einige Tiere, die den Winter über in ihren weich gepolsterten Höhlen schlafen, ist dieser eine friedliche und ruhige Zeit. Für andere Tiere ist er eine Zeit der Gefahren und der Entbehrungen. Sie müssen harten Frost, Futtermangel und Schneestürme überstehen. Zum Glück hat die Natur sie gut auf den Winter vorbereitet: Sie haben einen wolligen Pelz und wissen, wenn man zusammengerollt und aneinandergeschmiegt beisammenliegt, ist es für alle wärmer.

WILDSCHWEIN

Das grauschwarze Wildschwein ist das ganze Jahr über aktiv und lässt sich auch vom Winter nicht aus seinem Rhythmus bringen. Es lebt in Familiengruppen. Eine sogenannte Rotte bewegt sich im Gänsemarsch durch die Natur und bleibt auf ausgetretenen Pfaden. Wenn es dunkel wird, marschieren die Wildschweine zusammen in den Wald. Sie quieken laut, trampeln auf der Erde herum und grunzen und schmatzen, während sie Eicheln, Bucheckern und Gras fressen. Und wenn der Wald und die Eicheln von Schnee bedeckt sind? Dann scharren sie ein paarmal mit den Hufen in der Erde und legen so Pflanzenknollen und -wurzeln frei. Die männlichen Tiere sind Einzelgänger. Sie machen sich am Winteranfang zur Paarung auf den Weg zu den Bachen – das sind die weiblichen Wildschweine. Im März begrüßt die Familie dann kleine Frischlinge mit gestreiftem Fell.

 ALLE KONTINENTE 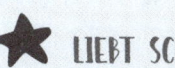 LIEBT SCHLAMMBÄDER

ROTHIRSCH

Der majestätische König des Waldes schreitet über die verschneite Ebene. Wisst ihr, wen ich meine? Es ist der Hirsch! Stolz läuft er mit seinem riesigen Geweih voran. Das kann bis zu sechzehn Enden haben! Sein Kopfschmuck verschafft ihm Respekt unter den Hirschkühen. Wenn der Winter zu Ende geht, stößt er das Geweih allerdings ab. Obwohl er sehr scheu ist, zeigt sich der Hirsch während der Winterzeit manchmal tagsüber beim Äsen. Denn die Futterauswahl ist in der schneebedeckten Landschaft klein. Der Hirsch ernährt sich von Baumrinde oder von Heu aus einer Futterstelle. Um den kalten Winter zu überstehen, frisst er im Herbst besonders viel und legt sich so ein Winterfell zu: Dieses Fell ist dicker als sein Sommerfell, doppelt so warm und graubraun.

 AMERIKA, ASIEN, EUROPA ★ 1–2 KÄLBER IM MAI

BAUMSTACHELSCHWEIN

Auf den ersten Blick sieht dieses Tier wie eine kleine struppige Seekuh aus. Aber weit gefehlt! Das Zuhause des Stachelschweins liegt in den Baumwipfeln. Mit seinen starken, scharfen Klauen kann es leicht auf Bäume klettern. Bei schlechtem Wetter findet es Unterschlupf in Baumhöhlen oder Felsspalten. Wenn es hungrig ist, nagt das Stachelschwein an Bäumen und Baumrinden, Kiefernnadeln mag es besonders gern. Wenn seine Pfoten kalt werden, kehrt es in seinen Bau zurück. Obwohl das Stachelschwein normalerweise nicht so gern mit anderen zusammen lebt, macht es zur Paarungszeit am Winteranfang eine Ausnahme: Wenn es ein attraktives Weibchen sieht, knurrt, quiekt, pfeift und klappert es, um auf sich aufmerksam zu machen. Nach einem gemeinsamen Winter bringt das Weibchen im Sommer ein Junges mit weichen Stacheln zur Welt.

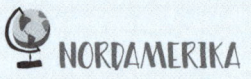 NORDAMERIKA   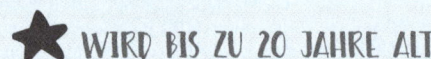 WIRD BIS ZU 20 JAHRE ALT

ELCH

Im Herbst bereitet sich der Elch auf den Winter vor und fängt an, sein Körperfett zu vermehren. Dafür frisst er pro Tag fast 30 Kilogramm Pflanzen! Am liebsten mag er Wasserpflanzen. Um an sie heranzukommen, watet er bereitwillig durch Sümpfe und Seen. Aber warum bleibt er nicht stecken? Er hat sehr breite Hufe, auf die sich sein Gewicht gleichmäßig verteilt. Und er wiegt nicht wenig! Die großen Hufe helfen ihm auch dabei, nicht einzusinken, wenn er über Schneeverwehungen läuft. Im Winter nutzt er die Hufe, um nach Moos und Flechten unter dem Schnee zu graben. Wenn es kälter wird, ziehen sich die Elche in den Wald zurück. Ihr wolliges, graues Fell schützt sie vor dem harten Frost. Weil Elche so groß sind, bleibt ihr Bauch auch in tiefem Schnee trocken.

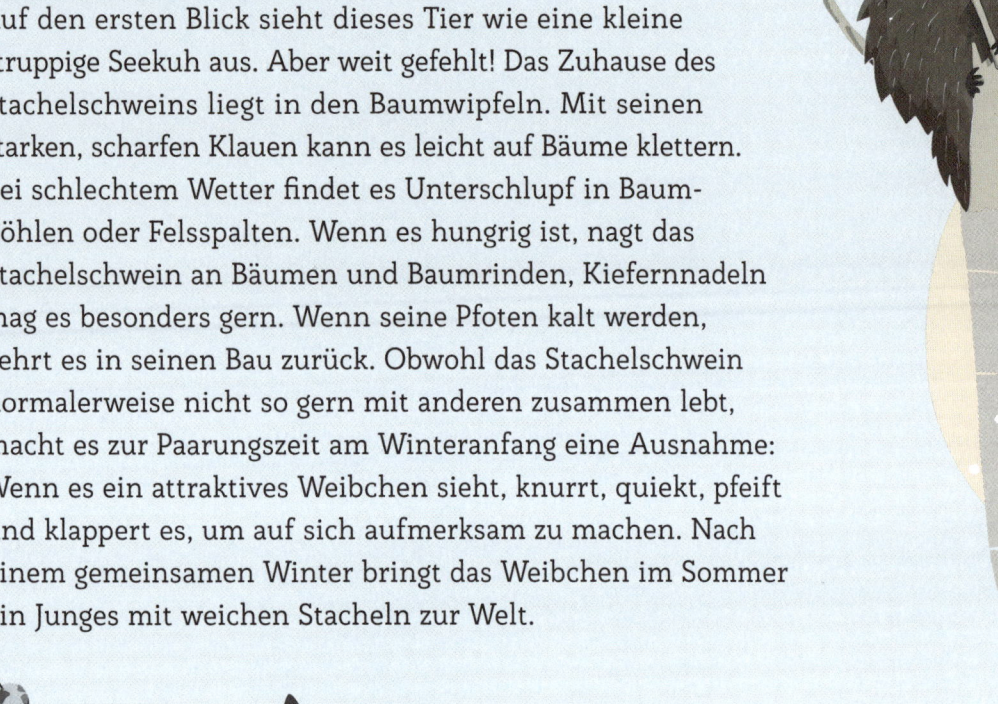

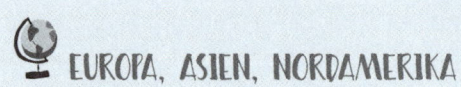 EUROPA, ASIEN, NORDAMERIKA   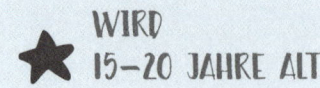 WIRD 15–20 JAHRE ALT

KANADISCHER LUCHS

Im Winter wird der rostbraune Pelz des Kanadischen Luchs' grau bis silberweiß, nur die Spitze seines kurzen Schwanzes bleibt schwarz. Die Haare an den großen Pfoten werden so dick, dass diese im Schnee nicht einsinken. So hat der Luchs richtige Schneeschuhe an und kann mühelos jagen, zum Beispiel Schneeschuhhasen. Nach denen späht der Luchs, während er bestens getarnt in einem Baumwipfel ausharrt – um dann blitzschnell anzugreifen. Der Luchs ist meist ein Einzelgänger, aber am Ende des Winters ist es Zeit für die Paarung. Im Frühjahr sucht die Luchsmutter eine geeignete Baumhöhle aus, in der sie ihre flauschigen rostbraunen Jungen zur Welt bringt.

MOSCHUSOCHSE

Da der Moschusochse im hohen Norden lebt, hat die Natur ihn mit einem einzigartigen Fell ausgestattet: Im Winter wird es unten dichter und der Pelz wächst so stark, dass es aussieht, als hätte der Ochse eine Jacke mit Fransen an. Nun bedeckt das Fell den gesamten Körper bis auf die vier stämmigen Beine. Müsste der Ochse dann im eiskalten Sibirien nicht an den Beinen frieren? Zum Glück wächst auch dort ein dichtes, helles Fell, das ihn wie Stiefel vor der Kälte schützt. Wenn es stürmt oder wenn eine Ochsenherde von Wölfen angegriffen wird, bildet sie einen engen Kreis. Die ältesten und erfahrensten Bullen mit dem dicksten Fell stehen vor den Jungen und den Weibchen und beschützen sie mit ihren massigen Körpern.

BUNTSPECHT

Der schwarz-weiß gefiederte Hingucker mit dem roten Fleck weiß, wie man mit dem Winter fertig wird! Besonders gern frisst er Würmer, Käfer und Samen von Nadelbäumen. Doch dieses Futter ist im Winter gar nicht so leicht zu beschaffen: Insekten verkriechen sich vor der Kälte in Löchern und Spalten, und Eicheln oder Nüsse sind häufig unter Schnee vergraben. Zum Glück ist der Buntspecht ein Experte. Mit seinem Schnabel hackt er zielstrebig nach Tannenzapfen an den Bäumen. Im Frühjahr wird der männliche Specht noch lebhafter. Er klopft lautstark an Bäume, um weibliche Spechte anzulocken und seine Rivalen zu vertreiben.

 EUROPA UND ASIEN (AUSSER ISLAND) 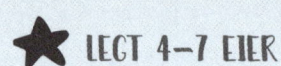 LEGT 4–7 EIER

BIRKHUHN

Birkhühner und Birkhähne sind im Winter darauf angewiesen, Knospen und Triebe zu fressen, denn Schnecken, Würmer und Käfer haben sich bereits tief unter die Erde zurückgezogen. Um Energie zu sparen, graben sich die Birkhühner und -hähne sogar unter Schneewehen ein. Sobald es etwas wärmer wird, hocken sie mit ihren Artgenossen auf Birkenästen und picken nach leckeren Knospen. Im Frühling kommt die Zeit der Balztänze: Die Birkhähne sträuben ihr blauschwarzes Gefieder, geben zischende und kollernde Laute von sich und nehmen eine drohende Haltung ein. Mit diesen Schaukämpfen beeindrucken sie die Birkhühner!

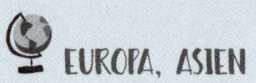 EUROPA, ASIEN  NISTET AM BODEN

KOHLMEISE

Kohlmeisen leben überall in Europa. Zum Winteranfang ziehen sie in wärmere Gegenden mit gemäßigterem Klima. Von dort begeben sie sich auf Wanderschaft: In Schwärmen fliegen sie von Futterplatz zu Futterplatz. Wo es Sonnenblumen gibt, sind sie sofort zur Stelle! Manchmal entdeckt man einen kleinen Vogel mit einem orangefarbenen Bauch und einem schwarzen Streifen über den Augen in ihrer Mitte: Das ist der Kleiber. Er weiß, dass man den Winter in guter Gesellschaft besser über-steht. Kohlmeisen sind ziemlich schlau – wenn sie nichts zu futtern finden, picken sie auch mal Löcher in Milchkartons und genießen den sahnigen Geschmack.

 EUROPA    GRÖSSTE EUROPÄISCHE MEISE

KAISERPINGUIN

Am südlichsten Ende der Welt lebt der Kaiserpinguin. Er ist der größte Pinguin und der einzige Vogel, der seine Füße nie auf trockenes Land setzt. Denn in der Antarktis gibt es nur Wasser und Eis. Hier kann es bis zu -40 Grad Celsius kalt werden! Die Weibchen legen an den Brutplätzen im Inland ein Ei ab und machen sich dann, zur Nahrungssuche, auf den Weg ans Meer. Bis sie zurückkommen, passen die Männchen auf das Ei auf. Sie legen es auf ihre Füße und wärmen es in ihrer Bauchfalte. Wenn die Jungtiere größer sind, passt immer ein Pinguin auf mehrere von ihnen auf, während alle anderen jagen – ein bisschen wie im Kindergarten, oder? Die Kleinen schmiegen sich dich aneinander, um sich gegenseitig warm zu halten. Da es in der Mitte am wärmsten ist, wird zwischendurch gewechselt.

 ANTARKTIS UND ANGRENZENDE INSELN    LIEBT FISCHE UND TINTENFISCHE

❶ ROTHIRSCH
Rothirsche leben in den Wäldern von Europa, Asien und Nordamerika und sogar in Nordafrika. Im Winter wandern die Hirsche und Hirschkühe ins Flachland. Dort warten sie in großen Herden auf das Frühjahr.

❷ WILDSCHWEIN
Wildschweine haben alle Kontinente erobert, mit Ausnahme der Antarktis. Im Winter halten sie sich in Wäldern und an Heuraufen auf. Bevor der Sommer beginnt, kehren sie zu den Maisfeldern zurück.

❸ ELCH
Der Elch wandert durch die Wälder und Sümpfe von Europa, Asien und Nordamerika. Der nordamerikanische Elch ist größer als seine Verwandten in Asien und Europa und sein Geweih ist breiter und schwerer.

❹ MOSCHUSOCHSE
Diesen gehörnten Riesen findet man in Alaska, Grönland und auf der Taimyr-Halbinsel in Russland. Im Sommer lebt er in kleineren Gruppen, im Winter kommen große Herden von bis zu hundert Tieren zusammen.

❺ BAUMSTACHELSCHWEIN
Das Stachelschwein lebt in den Wäldern Nordamerikas, von Alaska bis in den Norden Mexikos. Es hat ein relativ kleines Revier, das es normalerweise nicht verlässt und bewegt sich darin immer auf denselben Wegen.

❻ KANADISCHER LUCHS
Der Luchs ist in Nordamerika zu Hause. Seine Lieblingsbeute ist der Schneeschuhhase, den er in den dichten kanadischen Wäldern und in den schneebedeckten Tiefebenen von Alaska jagt.

❼ BUNTSPECHT
Der Buntspecht nistet überall in Europa (außer in Irland und Island), in Nordwestafrika und in Südwestasien. Überall dort, wo es viele alte Bäume gibt, fühlt er sich wohl.

❽ BIRKHUHN
Das Birkhuhn lebt in Skandinavien, Sibirien und in den Bergen Mitteleuropas. Am Ende des Sommers trennen sich die Birkhühner von den Birkhähnen, bis die Balzzeit im Herbst beginnt.

❾ KOHLMEISE
Die Kohlmeise ist in ganz Europa verbreitet. Wie alle anderen Meisen nistet sie in Baumhöhlen. Wenn sie dort keinen Platz findet, macht sie es sich auch in einem kaputten Eimer oder in einem Briefkasten gemütlich.

❿ KAISERPINGUIN
Der Kaiserpinguin ist auf den Eisfeldern der Antarktis und den benachbarten Inseln zu Hause. Er nistet im Inneren des Landes, oft viele Kilometer vom Meer entfernt.

⓫ EICHHÖRNCHEN
Das Eichhörnchen lebt in Wäldern und Parks Europas und Asiens. Es hat große Reviere in den Wäldern, aber auch in Parks gibt es genug Platz für viele Eichhörnchen.

⓬ MAULWURF
Maulwurfshügel gibt es überall in Europa und Asien auf Wiesen, Feldern und in Gärten. Der brave Maulwurf bleibt immer in seinem eigenen Revier und übertritt nicht die Grenzen zu seinen Nachbarn.

⓭ EURASISCHER FISCHOTTER
Fischotter leben in ganz Europa, in Nordafrika und in großen Teilen von Asien. Ihr bevorzugter Lebensraum sind flache Gewässer. Ihr Bau befindet sich in Ufernähe oder unter Baumwurzeln.

⓮ HECHT
Den bekanntesten Raubfisch Europas gibt es auch in Asien und in Nordamerika. Sein Körperbau passt zu seiner räuberischen Lebensweise, denn er greift seine Beute an wie ein Torpedo.

EICHHÖRNCHEN

Nanu? Was ist das für ein Geräusch? Es ist ein Eichhörnchen, das hoch oben auf den Zweigen eines Baumes die Samen eines Kiefernzapfens knuspert. Damit es den Winter über Nüsse, Bucheckern und Eicheln fressen kann, legt sich das Eichhörnchen rechtzeitig einen großen Vorrat an. Im Winter wächst ihm es ein dichtes Fell und die Haarpinsel an den Ohren werden länger. In seinem Nest stopft es jedes Loch mit Baumrinde zu. So ist es darin auch bei beißender Kälte warm und gemütlich. Wenn das Eichhörnchen draußen friert, bleibt es mitunter tagelang in seinem Nest. Den buschigen Schwanz legt es über sich wie eine Decke, während draußen der Wind weht.

 EUROPA, ASIEN  WIRD BIS ZU 7 JAHRE ALT

MAULWURF

Unter der Erde hat sich der Maulwurf eine richtige Burg gebaut: Verschiedene Tunnel verbinden Kammern auf mehreren Stockwerken! Diese Kammern verwendet der Maulwurf auch für seine Vorräte. Wenn die Winterkälte kleine Larven, Raupen und Regenwürmer unter die Erdoberfläche scheucht, folgt er ihnen bis in die untersten Stockwerke seiner pechschwarzen Behausung. Ein geübter Biss an der richtigen Stelle lähmt die Insekten, die er anschließend zu Hunderten verwahrt. Wenn er bis zum Frühjahr nicht alle gefressen hat, erwachen sie aus ihrer Lähmung und krabbeln davon.

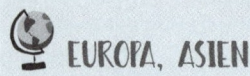 EUROPA, ASIEN  EIN GUTER SCHWIMMER

EURASISCHER FISCHOTTER

Der Fischotter ist das ganze Jahr unterwegs. Er sucht sich Flüsse mit der schnellsten Strömung, in denen das Wasser immer in Bewegung ist, auch bei Frost. Wenn Angler sich in gefrorenen Teichen Löcher ins Eis sägen, nutzt auch der Otter diese: Er taucht unter die Eisschicht und jagt die Fische, die darunter ruhen. Weil Otter sehr flink sind, können sie auch Bisamratten, Wühlmäuse, Kröten oder Flusskrebse fangen. Im Winter allerdings ernähren sie sich hauptsächlich von Fischen. Sie fressen über ein Kilogramm pro Tag und unternehmen ziemlich lange Beutezüge, um satt zu werden. Auch in eisigen Gewässern wird ihnen nicht kalt – Otter sind mit einem dicken Fell geschützt, um das sie manch anderes Tier beneiden würde.

🌍 EUROPA, ASIEN, AFRIKA ★ HINTERLÄSST KOT ALS MARKIERUNG

HECHT

In der Winterkälte werden die Fische schläfrig und sinken auf den Grund, um dort zwischen Wasserpflanzen zu überwintern. Hier können sie ruhen und sich schonen. Die Wasseroberfläche bewegt sich nicht und die Fische nehmen nichts zu sich. Das trifft aber nicht auf alle zu. Der Hecht ist immer beschäftigt. In seinem Maul hat er mehrere hundert spitze, scharfe Zähne, mit denen er blitzschnell zuschnappt. Er gehört zu den gefräßigsten Raubfischen im Süßwasser. In Gewässern, in denen es genügend Verstecke zwischen Pflanzen oder unter Baumstämmen gibt, wartet er bewegungslos auf seine Beute. Sobald ein Fisch auftaucht, schnellt er hervor und greift mit hoher Geschwindigkeit an. Hechte sind bei der Jagd fast immer erfolgreich.

🌍 EUROPA, ASIEN, NORDAMERIKA ★ WIRD 1,5 METER LANG

ANTARKTIS

15 POLARWOLF
Der Polarwolf lebt auf den kanadischen Arktis-Inseln und im Norden Grönlands. Dort gibt es wenig Nahrung, deshalb greift er im Rudel sogar einen einzelnen Moschusochsen an.

16 POLARFUCHS
Der Polarfuchs lebt in unwirtlichen Gegenden wie der arktischen Tundra Alaskas, in Grönland und in Nordsibirien. Das Überleben dort ist nicht leicht, deshalb folgt er manchmal einem Eisbären und hofft, dass dieser etwas zu fressen für ihn übrig lässt.

17 HERMELIN
Das Hermelin kommt in Europa, Asien und Nordamerika vor. Sein Winterfell ist weiß, darum scheint es in der Landschaft zu verschwinden. Zum Ausruhen zieht es sich in seinen Bau zurück. Das kann eine Baumhöhle oder ein verlassenes Erdloch sein.

18 SCHNEEHASE
Der Schneehase hüpft in Grönland und im Norden Kanadas durch die Landschaft. Wenn ein Sturm aufkommt, gräbt er sich ein Loch in den Schnee. Darin kann es ziemlich eng zugehen, wenn sich mehrere Schneehasen zusammenkuscheln.

19 MOORSCHNEEHUHN
Das Moorschneehuhn nistet in Wäldern im nordöstlichen Europa und Asien, in Alaska und im Norden Kanadas. Den Winter verbringt es in einer größeren Gruppe, die sich im Frühjahr wieder auflöst. Nach dem Schlüpfen der Küken zieht die Mutter diese allein auf.

20 SCHNEE-EULE
Schnee-Eulen kommen in der Tundra in ganz Europa und Asien vor, im Norden Kanadas und in Grönland. Zum Brüten scharrt das Weibchen eine Erdmulde an einer schneefreien Stelle aus. Wie viele Eier darin liegen, hängt von der Anzahl der Lemminge ab. Wenn es viele gibt, haben die Schnee-Eulen mehr Junge.

21 EISBÄR
Eisbären leben auf Eisschollen im arktischen Meer und im nördlichsten Teil des arktischen Kontinents. Dort streifen sie durch ihr Revier und halten immer Ausschau nach ihrer Hauptnahrung, den Robben. Oft sind Polarfüchse in ihrer Nähe.

22 SCHNEELEOPARD
Dieses elegante Raubtier ist in den Gebirgen von Zentralasien zu Hause. Dort streift es in großer Höhe durch Berglandschaften. Schafe und Ziegen sind seine Beute. Es lauert ihnen reglos auf und greift dann blitzschnell an.

23 SATTELROBBE
Die Sattelrobbe lebt auf Eisschollen im nördlichen Atlantik und im arktischen Meer. In lauten Gruppen schwimmen die Sattelrobben neben den Eisschollen her. Sie tauchen auf und springen aus dem Wasser wie Delfine.

24 BELUGA
Der Beluga wird auch Weißwal genannt. Er ist vor allem an den Küsten Russlands, Kanadas und Alaskas anzutreffen. Mit seinen Artgenossen verständigt er sich durch unterschiedliche Laute, die wie ein Brummen, Quieken oder Zwitschern klingen.

Wo leben die Tiere?
Die Farben der Zahlen helfen dir, sie zu finden!

WINTERSCHLÄFER

Wenn der Herbst beginnt, begeben sich viele Tiere auf die Suche nach geeigneten Höhlen oder Erdlöchern, um sich für die kalte Jahreszeit darin zurückzuziehen. Das ist überlebenswichtig, denn diese Tiere müssen sich vor Kälte und ihren Feinden schützen. In ihren Höhlen schlafen sie mitunter monatelang!

Die nimmersatten Hamster fangen schon im Sommer an, Vorräte für den Winter zu sammeln. Siebenschläfer nehmen im Sommer so kräftig zu, dass sie es kaum zurück in ihre Höhle schaffen. Die kleinen Hufeisennasen überwintern in trockenen Kellern oder Höhlen. Igel mögen einen Haufen Gestrüpp im Garten, finden es aber noch besser, wenn sie ein Haus finden, in das sie für den Winter einziehen können. Marienkäfer fühlen sich in der Gruppe am wohlsten: Gemeinsam mit ihren Artgenossen kann es auf einem trockenen Blatt zwar etwas eng werden, aber wenigstens bleibt es auf diese Weise warm!

Es gibt Winterschläfer, die bei der kleinsten Unruhe aufwachen. Dann futtern sie etwas, krabbeln nach draußen in die Winterlandschaft, machen ihr Geschäft und schlafen zurück in ihrer Höhle wieder ein. Das machen zum Beispiel Dachse oder Bären. Die extremen Tiefschläfer stattdessen wachen kaum aus ihren Träumen auf. Ihre Körpertemperatur fällt um mehrere Grad Celsius ab, ihre Atmung verlangsamt sich und auch ihr Herz schlägt ruhiger. Das ist der echte Winterschlaf oder die Winterstarre. Zu dieser Kategorie gehören die Siebenschläfer und Igel.

Im Frühjahr wachen alle Tiere wieder auf und verlassen ihre Quartiere. Meist halten sie sofort Ausschau nach einem Partner oder einer Partnerin – darauf haben sie den ganzen Winter gewartet!

EUROPÄISCHER DACHS

Der Dachs mag den Winterschlaf. Er sammelt keine Vorräte, sondern futtert im Herbst eine Menge Beeren, Früchte und sogar Frösche. Dann verschließt er seinen Bau mit trockenem Gras und Lehm und macht sich ein Bett mit einer Decke aus Gras, weichem Moos und Farn. Er rollt sich wie eine Kugel zusammen, steckt seine Schnauze in das Fell seines Bettgenossen und schläft ein. Wenn der Winter etwas milder wird, wacht er auf, streckt sich und kriecht nach draußen. Er schaut nach, was sein Nachbar, der Fuchs, gerade macht, trinkt etwas und macht sein Geschäft – natürlich nicht in seinem Bau. Er ist sehr reinlich! Mit den ersten Sonnenstrahlen im Frühjahr öffnet er die Augen hat in der Zwischenzeit so stark abgenommen, dass sein Fell lose an ihm herunterhängt! Sofort macht er sich auf den Weg, um Futter zu suchen. Ein paar große Vogeleier oder Regenwürmer sind jetzt genau das Richtige.

🌐 EUROPA, ASIEN ★ WIRD BIS ZU 15 JAHRE ALT

BRAUNBÄR

Braunbären fressen den ganzen Sommer lang und legen sich eine ordentliche Fettschicht zu, um den Winter zu überstehen. Dann begeben sie sich zur Ruhe. Während ihres Winterschlafs können sie jederzeit aufwachen. Die Bären bauen ihren Unterschlupf in Höhlen und unter herumliegenden Bäumen. Die trächtigen Weibchen polstern ihn mit Moos, Blättern und Zweigen aus und bringen mitten im Winter ihre zahn- und haarlosen Jungen zur Welt. Diese sind so klein, dass sie auf eine Handfläche passen würden. Die Jungen schmiegen sich an ihre Mutter, die sie bis zum Frühjahr wärmt und säugt. Dann machen sie sich zusammen auf den Weg nach draußen, um die Welt zu erkunden.

🌐 EUROPA, ASIEN, NORDAMERIKA ★ SO GROSS WIE EIN EISBÄR

KLEINE HUFEISENNASE

Anfang November fliegen die Kleinen Hufeisennasen in sichere Stollen und Höhlen unter der Erde. Dort hängen sie sich mit ihren Krallen an die Decke und wickeln sich in ihre häutigen Flügel ein. Das unterscheidet sie übrigens von anderen Fledermausarten, die ihre Flügel neben dem Körper falten. Manchmal strecken die Hufeisennasen ihre rosafarbenen Schnauzen heraus oder blinzeln verschlafen. Wenn es im Unterschlupf kälter wird, rücken sie nah zu-sammen, halten sich aneinander fest und bilden eine feste Gruppe. So verbringen sie den restlichen Winter. Wenn die Hufeisennasen zwischendurch aufwachen, suchen sie sich in der Höhle einen bequemeren Platz und schlafen wieder ein.

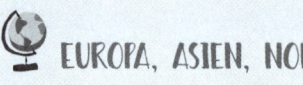 EUROPA, ASIEN, NORDAFRIKA 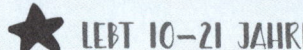 LEBT 10-21 JAHRE

IGEL

Was stampft und schnauft denn da so? Natürlich! Es ist ein Igel, der schon bei Sonnenaufgang auf Erkundungstour ist. Er hält sich gern im Wald, in Parks und in Gärten auf. Dabei macht er viel Lärm, verschlingt laut kauend Schnecken, Regenwürmer und Insektenlarven und zermalmt manchmal sogar Käfer. Um sich für den Winter eine Speckschicht zuzulegen, muss er viel fressen. Wenn die Tage frostig werden und es draußen kalt und feucht ist, kriecht er unter einen Haufen herabgefallener Blätter oder zieht sich in einen Holzhaufen zurück. Dort stopft er Löcher und den Eingang zu und macht es sich dann bequem. Der Igel rollt sich zu einer stacheligen Kugel zusammen. Seine Körpertemperatur sinkt auf zwei bis fünf Grad Celsius, sein Herzschlag und seine Atmung verlangsamen sich und er fällt in einen tiefen Winterschlaf, bis das Frühjahr kommt.

 EUROPA, ASIEN 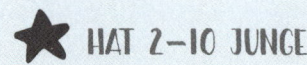 HAT 2-10 JUNGE

SIEBENSCHLÄFER

Der Siebenschläfer ist ein richtiger Winterschläfer: Er schläft nicht nur den ganzen Winter hindurch, sondern manchmal sogar einen Großteil des Jahres! Deshalb ist es nicht verwunderlich, dass er viel Zeit braucht, um seine Winterbehausung auszuwählen. Verschiedene Spalten in Felsen und Bäumen werden dafür untersucht, und auch Erdlöcher, die vorher von Wühlmäusen bewohnt wurden. Wenn er das perfekte Versteck für den Winter gefunden hat, macht er sich darin ein Bett aus Gras und trockenen Blättern. So hat er es warm und trocken. Nun muss er Vorräte anlegen. Der Siebenschläfer futtert so viel, dass er sein Gewicht häufig verdoppelt. Manchmal ist es ein Wunder, dass er überhaupt noch nach Hause laufen kann!

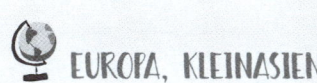 EUROPA, KLEINASIEN 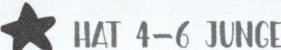 HAT 4–6 JUNGE

STREIFENHÖRNCHEN

Das winzige Streifenhörnchen wird auch Backenhörnchen genannt. Obwohl es sehr gut klettern und springen kann, verbringt es die meiste Zeit am Boden. Sobald der Sommer zu Ende geht, bereitet es sich auf den Winter vor. Es füllt seine unterirdische Speisekammer mit verschiedenen Körnern, Samen und Nüssen. Die Taschen in seinem Maul sind wie Einkaufstaschen, in denen es seine Nahrung transportiert. Ein kleines Streifenhörnchen kann darin bis zu einhundertsechzig Eicheln am Tag tragen! Gut so, denn wenn es aus dem Winterschlaf erwacht, ist es schwach und braucht dringend die gesammelten Leckerbissen. Anders als Eichhörnchen schlafen Streifenhörnchen den ganzen Winter hindurch in ihrem bequem ausgepolsterten Bau.

 NORDAMERIKA  HAT 3–5 (BLINDE) NACHKOMMEN

FELDHAMSTER

Der dreifarbige Feldhamster bereitet sich gut auf seinen Winterschlaf vor. Er ist bekannt dafür, Vorräte anzulegen: Während des Sommers sammelt er verschiedene Körner und Früchte in seinen Backentaschen und trägt sie in seine Vorratskammern unter der Erde. Diese können bis zu zwei Meter tief reichen! Während des Winterschlafs wacht der Hamster schon nach fünf bis sieben Tagen zum ersten Mal auf. Dann läuft er in eine Vorratskammer, um etwas zu fressen. Denn der Hamster findet, mit leerem Magen schläft es sich gar nicht gut!

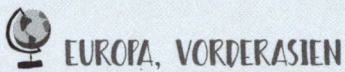 EUROPA, VORDERASIEN   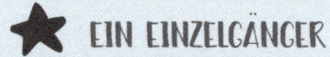 EIN EINZELGÄNGER

ERDHÖRNCHEN

Das Erdhörnchen ist ein geselliges Wesen. Der kleine Nager mit den großen Augen hat ein dichtes sandfarbenes Fell. Diese Tarnung macht das Erdhörnchen fast unsichtbar, wenn es in Getreidefeldern unterwegs ist. Es lebt in Familien in unterirdischen Höhlen, meist nah an Feldern gelegen. Bevor die Erdhörnchen in den Winterschlaf fallen, essen sie sich richtig satt. Dann bereiten sie ihre Schlafplätze vor und stopfen den Höhleneingang sorgfältig mit Lehm und Gras zu, damit keine Kälte hereinkommt. Ihre Schlafzimmer sind Kammern, die ungefähr einen Meter unter der Erde liegen. Der Winterschlaf der Erdhörnchen kann bis in den April andauern. Bis dahin fressen sie keinen einzigen Bissen!

 EUROPA   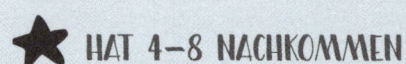 HAT 4–8 NACHKOMMEN

FETTSCHWANZMAKI

Der kleine graue Fettschwanzmaki kommt nur in Madagaskar vor, nirgendwo sonst auf der Welt. Er gehört zur Familie der Lemuren. Die kalte Jahreszeit verbringt er in einem hohlen Baumstamm oder einem anderen Unterschlupf. Zusammengerollt kann er bis zu einem halben Jahr lang in seinem Bau schlafen. Dass das Tier den lustigen Begriff Fettschwanz in seinem Namen trägt, kommt daher, dass es seine Energievorräte als Fett im Schwanz speichert. Der kann manchmal so prall sein, dass es sich damit kaum bewegen kann.

 MADAGASKAR DER SCHWANZ KANN BIS ZU 30 ZENTIMETER LANG SEIN

KURZSCHNABELIGEL

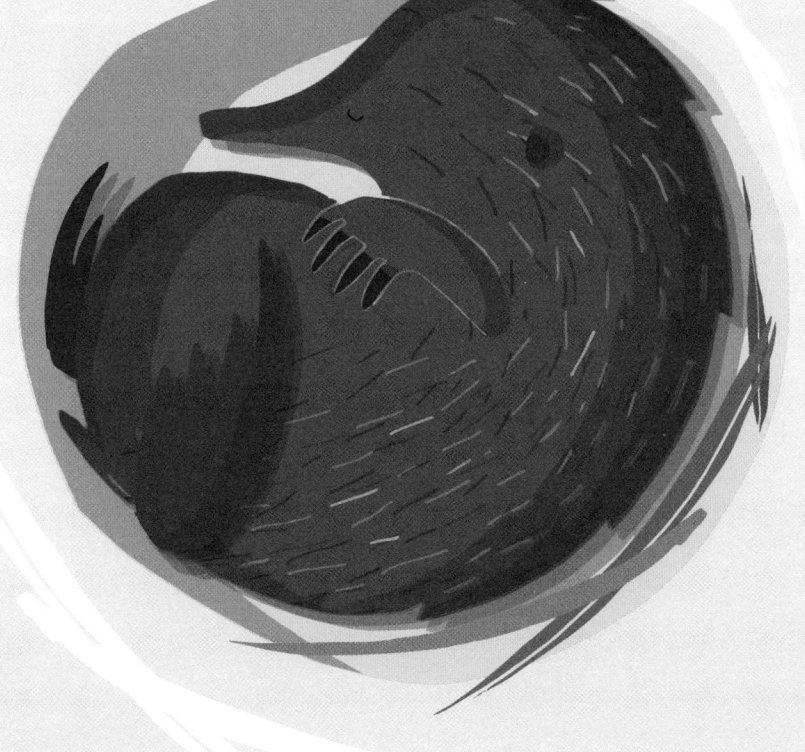

Diese geheimnisvollen Wesen haben erstaunliche Eigenschaften. Ihre Körpertemperatur ist ungefähr sieben bis acht Grad Celsius niedriger als die anderer Säugetiere. Man sieht sie nur selten. Wenn sie Schutz vor der australischen Hitze suchen, halten sie Ausschau nach einem Platz unter der Erde, bis sich die Luft wieder abkühlt. Wenn es den Kurzschnabeligeln zu kalt wird, fällt ihr Körper in eine Starre: Atmung und Herzschlag verlangsamen sich und sie schlafen ein. Ungewöhnlich für Säugetiere ist auch, dass die Igel aus einem kleinen Ei schlüpfen. Das ist so groß wie eine Haselnuss und wird nach dem Legen in eine Tasche am Bauch der Mutter befördert. Nach zehn Tagen schlüpft das Baby. Es ernährt sich im Beutel der Mutter von Milch und bleibt dort, bis ihm die ersten Stachel wachsen.

 AUSTRALIEN, TASMANIEN  LIEBT AMEISEN UND TERMITEN

RUSSISCHE LANDSCHILDKRÖTE

Die Russische Landschildkröte bewegt sich langsam und ist ein ruhiger Zeitgenosse. Zweimal im Jahr legt sie sich in ihrer natürlichen Umgebung schlafen. Einmal im Sommer, wenn die Steppen ausgetrocknet sind und es wenig zu fressen gibt, und das zweite Mal im Winter. Ihre Winterstarre kann bis zu fünf Monate andauern. In diesem Zustand ist die Körpertemperatur der Schildkröte sehr niedrig und ihr Herz schlägt sehr, sehr langsam. Wenn sie nicht schläft, frisst die Schildkröte im Sommer so viel, dass es unter ihrem Panzer ganz eng wird! Sie lebt in einem Unterschlupf unter der Erde, der bis zu zwei Meter tief ist. Mit ihren kräftigen Beinen und den vier spitzen Zehen kann sie sehr gut graben.

 EUROPA, ASIEN   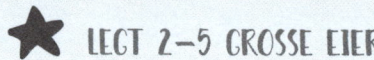 LEGT 2–5 GROSSE EIER

ERDKRÖTE

Die Erdkröte verbringt den Winter an einem trockenen Ort. Bereits im Oktober zieht sie sich zum Schlafen zurück, zum Beispiel in Höhlen von Nagetieren, unter Baumstümpfe oder in Felsspalten. Dort schläft sie bis zu sechs Monate lang. Manchmal findet man sie auch schlafend im Keller eines Hauses. Am besten lässt man sie in Ruhe dort weiterträumen, denn im Frühjahr findet sie den Weg allein nach draußen. Sie läuft dann direkt an ein Gewässer, um sich zu paaren. Dabei muss sie verschiedene Hindernisse überwinden, zum Beispiel viel befahrene Straßen. Oft tut sie das mit ihrem Partner auf dem Rücken.

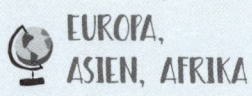 EUROPA, ASIEN, AFRIKA   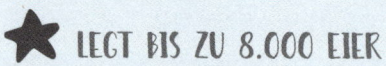 LEGT BIS ZU 8.000 EIER

RINGELNATTER

Nirgendwo auf der Welt würde man bei einem Spaziergang im Winter einer Schlange begegnen. Oder kannst du dir eine Schlange im Schnee vorstellen? Da ihr Körper dieselbe Temperatur wie ihre Umgebung annimmt, sind kalte Wintertage für sie gefährlich. Ringelnattern ziehen sich in den Wintermonaten unter Laubhaufen, abgefallene Äste oder Steine zurück. Sie mögen auch alte Baumstümpfe oder Komposthaufen. Die meiste Zeit sind Ringelnattern Einzelgänger, aber im Winter haben sie gern Gesellschaft. Dann überwintert ein Gewirr von ineinander verschlungenen Schlangen in einem Unterschlupf. Das hält warm!

 AFRIKA, EUROPA, ASIEN 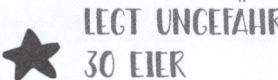 LEGT UNGEFÄHR 30 EIER

WALDFROSCH

Der Waldfrosch sucht, anders als die Kröte, im Winter nicht Schutz unter der Erde. Stattdessen macht er sich sein Bett mitten in einer gefrorenen Pfütze, auf Tannennadeln oder auf einem Eichenblatt zurecht. Dann wird er ganz plötzlich starr – das kann auch mal passieren, während er gerade unterwegs ist! Sein Blut, seine Haut und sein Gehirn frieren ein. Er hört auf zu atmen und sein Herz schlägt nicht mehr. Man könnte meinen, er sei gestorben, völlig bedeckt von Eiskristallen und Schnee ... Aber wie durch ein Wunder taut er im Frühjahr wieder auf und hüpft davon. Wie ist das möglich? Da der Frosch im Winter eine Menge Glukose und Harnstoff aufnimmt, erfriert er nicht. Nur seine Haut hat sich ein wenig zusammengezogen, ist faltig und vom Wind ausgetrocknet. Auf diese Weise kann er bis zu zehnmal einfrieren und wieder auftauen!

 NORDAMERIKA  WIRD BIS ZU 8 ZENTIMETER GROSS

MARIENKÄFER

„Wohin soll die Reise gehen?", möchte man einen Marienkäfer fragen, wenn er seine Flügel spreizt und losfliegt. Die Deckflügel der Siebenpunkt-Marienkäfer sind leuchtend rot. Sie schlüpfen im Sommer. Ältere Marienkäfer haben einen leicht gelb-orangefarbenen Rücken. Vom Frühjahr bis zum Herbst leben Marienkäfer allein. Im Winter tun sie sich zu Gruppen zusammen und suchen Schutz. Diesen finden sie unter Steinen, Baumrinde, Laub oder Moos. Dort liegen die Käfer mehr oder weniger unbeweglich, bis es wieder wärmer wird.

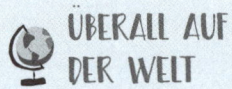 ÜBERALL AUF DER WELT  IST GIFTIG!

WEINBERGSCHNECKE

Eine silbrige Spur führt uns zur Winterunterkunft einer Schnecke, die ihr Haus immer mit sich trägt. Vor dem Winter frisst die Schnecke so viel, dass sich unter ihren Fühlern Buckel bilden. Dann sucht sie sich einen bequemen windgeschützten Platz, am besten unter dichtem Gebüsch. Nun geht es an die Arbeit: Sie gräbt im Boden, bis sie eine flache Grube ausgehöhlt hat, die sie manchmal zusätzlich mit einer Lehmschicht auslegt. Nun zieht die Schnecke sich in ihr Haus zurück, das sie mit einem Deckel aus Kalk verschließt. Bis zu -40 Grad Celsius machen ihr so nichts aus – auf Wiedersehen und bis zum Frühjahr!

 EUROPA 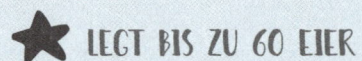 LEGT BIS ZU 60 EIER

ROTE WALDAMEISE

Ein Ameisenhügel ist kein gewöhnlicher Haufen aus Nadeln und Zweigen. Unter der Oberfläche verbirgt sich eine der am perfektesten organisierten Gemeinschaften des Insektenreiches. Und was machen Ameisen, wenn der Winter vor der Tür steht? Sie trödeln jedenfalls nicht herum! Schon im Herbst beginnen sie mit ihren Vorbereitungen. Fleißig arbeiten sie daran, Kammern unter der Erde zu bauen und speichern Nahrung in ihrem Unterleib, der immer größer wird, je näher der Winter kommt. Wenn die Temperaturen sinken, verschließen die Arbeiterameisen den Eingang des Hügels, verstärken die Wände mit Harz und alle krabbeln noch tiefer unter die Erde. Dort schlafen sie den ganzen Winter lang.

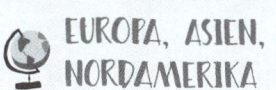 EUROPA, ASIEN, NORDAMERIKA

 DIE KÖNIGIN LEBT 20 JAHRE

HUMMEL

Für Hummeln ist der Winter eine harte Zeit. Nur die jungen Königinnen bleiben am Leben. Versteckt in Nestern, in Höhlen unter der Erde, in Maulwurfsgängen oder auch in Mauerlöchern, warten sie auf das Frühjahr. Als Nahrung brauchen sie Pollen und den süßen Nektar von Blumen. Nur dann sind sie kräftig genug, um ein neues Nest zu bauen, in dem sie ihre große Familie aufziehen. Nach dem Schlüpfen kümmern sich die Arbeiterinnen sofort um die Mutter, die immer mehr Eier legt. Mit dem Sommer beginnt die Paarungszeit der neuen Königinnen.

 EUROPA, ASIEN

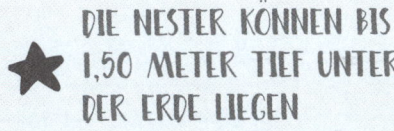 DIE NESTER KÖNNEN BIS 1,50 METER TIEF UNTER DER ERDE LIEGEN

WINTERKLEIDER DER TIERE

In Gegenden, wo der Winter besonders lang und dunkel ist, wo es nur wenige Stunden am Tag hell wird und wo die Landschaft bis zum Horizont aus endlosem Schnee und Eis besteht – dort passen sich die Tiere besonders gut an ihre Umgebung an, um zu überleben. Spätestens, wenn die kalte Jahreszeit beginnt, wechseln sie in ein weißes Winterkleid.

Schneehasen und Schneehühner sind nun in der verschneiten Landschaft optimal getarnt. Nur ihre dunklen Ohrenspitzen oder dunkle Teile des Gefieders fallen noch auf. Auch Polarfüchse und -wölfe sind mit einem hellen Winterfell ausgestattet.

Eisbären, Belugas und Schnee-Eulen hingegen sind das ganze Jahr hindurch weiß. Die Eulen müssen möglichst unauffällig sein, damit sie ihre Beute – Lemminge oder Hasen – fangen können. Eisbären hingegen fallen allein schon wegen ihrer enormen Größe auf. Sie sind so imposant, dass sie sich nicht verstecken müssen. Die weißen Wale schwimmen ruhig durch die kalten Gewässer der arktischen See. Hier treiben Sommer wie Winter Eisschollen umher. Ist das nicht die perfekte Tarnung?

POLARWOLF

Polarwölfe leben in ruhigen und einsamen Gegenden auf den kanadischen Arktis-Inseln und in Grönland. Der Winter dauert dort fünf Monate lang und ist sehr dunkel. Die Temperaturen steigen nicht über den Gefrierpunkt, der Boden bleibt frostig. Deshalb können Wolfsfamilien keinen Unterschlupf graben, um sich vor Eisstürmen zu schützen. Zum Glück haben sie ein dickes Winterfell – auch wenn die Wölfe sich direkt auf den Schnee legen, bildet sich darauf kein Eis. Sie rollen sich zu einer Kugel zusammen, drehen dem Wind den Rücken zu, stecken die Schnauze unter ihre Hinterläufe und verbergen den Kopf unter ihrem buschigen Schwanz. Wovon träumen sie wohl? Vielleicht vom Sommer ...?

 KANADA, GRÖNLAND 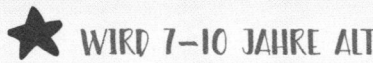 WIRD 7–10 JAHRE ALT

POLARFUCHS

Der Polarfuchs ist der einzige Fuchs auf der Welt, der das Fell mit den Jahreszeiten wechselt. Sein Sommerfell ist graubraun mit einem silbernen Schimmer, nur das Bauchfell ist hell. Im Winter dagegen trägt er ein sehr dickes, schneeweißes Fell. Mit diesem neuen Gewand fügt er sich perfekt in seine eisige Umgebung ein. Der Polarfuchs schläft auf Schnee und auf Eisschollen. Er rollt sich zusammen, deckt sich mit seinem buschigen Schwanz zu und hält so auch bis zu -40 Grad Celsius aus. Wenn sein Magen knurrt, geht er auf die Jagd. Er beobachtet, horcht und dann macht er einen Satz. Glück gehabt! Seine Vorderpfoten sind direkt auf einem Lemming gelandet.

 ARKTISCHE TUNDRA 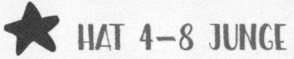 HAT 4–8 JUNGE

25

HERMELIN

Das Fell des Hermelins ist im Sommer braun mit hellem Bauch, im Winter ist es schneeweiß. So passt dieses kleine gewitzte Raubtier sein Fell an die Jahreszeiten an. Nur seine schwarze Schwanzspitze bleibt unverändert. Hermeline gedeihen dort prächtig, wo es ausreichend Mäuse und Wühlmäuse gibt, das ist ihre Hauptnahrung. Für mehr Abwechslung im Speiseplan klettert es hoch zu einem Vogelnest und kann Eier rauben, die größer sind als es selbst. Das Hermelin sieht zwar niedlich aus, kann aber sehr rabiat werden, wenn es seine Beute ins Auge gefasst hat!

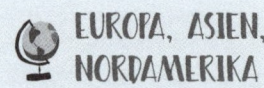 EUROPA, ASIEN, NORDAMERIKA   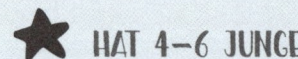 HAT 4–6 JUNGE

SCHNEEHASE

Das Fell des Schneehasen wechselt von graubraun im Sommer zu einem wärmeren weißen im Winter. Nur die schwarzen Spitzen der kurzen Ohren erinnern noch an den Sommer. Wenn ein Schneesturm aufkommt, gräbt sich der Schneehase ein Erdloch, und wenn der Wind stärker wird, kommen mehrere Hasen zusammen und wärmen einander darin. Die langen Pfoten der Hasen haben an der Unterseite Fell, damit sie sich besser im Schnee bewegen können. So sind sie nicht nur gegen die Kälte geschützt, sie rutschen auch nicht aus. Schneehassen müssen oft schnell rennen, um einem Luchs oder einem Wolf zu entwischen.

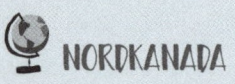 NORDKANADA   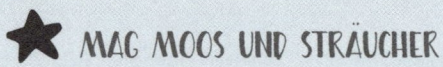 MAG MOOS UND STRÄUCHER

MOORSCHNEEHUHN

Der kleinere Verwandte des Auerhahns ist hart im Nehmen: Die Lebensräume des Moorschneehuhns sind Tundren, Wälder und Hochmoore und es ist bestens ausgestattet für harte nordische Winter. Dicke, weiße Federn bedecken seine Beine, um sie vor Frost zu schützen. Diese Federsocken sind nützlich, wenn es sich in Schneeverwehungen eingräbt und darin Tunnel baut. Dort warten die Schneehennen und Schneehähne das Ende der schwersten Stürme ab. Vor dem Winteranfang ändert das Gefieder die Farbe von graubraun zu schneeweiß, nur die Spitze der Schwanzfeder bleibt schwarz. Moorschneehähne behalten einen roten Streifen, um den Hennen zu imponieren, die schneeweiß bleiben.

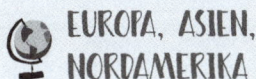 EUROPA, ASIEN, NORDAMERIKA   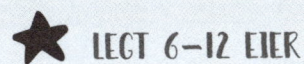 LEGT 6–12 EIER

SCHNEE-EULE

Die Schnee-Eule ist der größte Vogel in der Arktis. Ihr wird nicht kalt. Dichte schneeweiße Federn schützen ihre Klauen und sogar ihren Schnabel. Die Weibchen sind größer als die männlichen Eulen. Ihre Flügel haben eine Spannweite von bis zu eineinhalb Metern. Um satt zu werden, muss die Schnee-Eule sieben bis zwölf Lemminge oder andere Nagetiere pro Tag fressen. Das sind über 3.000 Tiere im Jahr! Für das Jagen in der schneebedeckten Tundra sind die weißen Federn die perfekte Tarnung. Die Schnee-Eule gehört zu den wenigen Eulen, die tagsüber auf die Jagd gehen. Geduldig wartet sie auf Steinen oder Felsbrocken und greift lautlos an, wenn sie ihre Beute entdeckt hat.

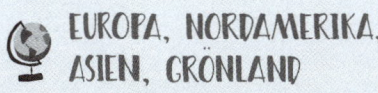 EUROPA, NORDAMERIKA, ASIEN, GRÖNLAND   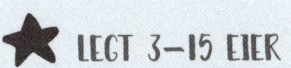 LEGT 3–15 EIER

SCHNEELEOPARD

Bewegt sich da etwa ein Haufen Schnee und Eis? Das kann nur ein Schneeleopard sein! Warm verpackt in sein dickes, grau-beigefarbenes Fell. So ist er zwischen den Felsen im kalten Hochgebirge kaum zu erkennen. Seine Nasenhöhlen sind vergrößert, damit er die eiskalte Bergluft darin vorwärmen kann. Und seine Pfoten sind besonders groß, so sinkt er im Schnee kaum ein. Schneeleoparden können nicht brüllen, sie schnurren wie Katzen. Sie sind Einzelgänger. Nur zur Paarungszeit zwischen Januar und März kann man sie laut heulen hören. Der Schneeleopard wird auch „Geist der Berge" genannt.

 ZENTRALASIEN    KANN 10–15 METER WEIT SPRINGEN

EISBÄR

Der Eisbär hält keinen Winterschlaf. Eine dicke Fettschicht unter der Haut und sein dichtes gelblich-weißes Fell schützen ihn vor den eisigen Winterstürmen. Wenn das Wetter extrem kalt ist, lassen sich Eisbären einschneien. Sobald es wärmer wird, gehen sie auf Beutesuche. Hauptsächlich ernähren sie sich von Robben. Sie warten an den Spalten von Packeisfeldern, bis die Robben zum Atmen auftauchen. Polarbären sind Einzelgänger. Die Weibchen graben vor der Geburt ihrer Jungen eine Höhle mit einem Dach aus Schnee. Dort bleiben sie vier Monate lang mit ihren Jungen, die ähnlich wie Braunbären blind und taub sind, wenn sie auf die Welt kommen.

 NÖRDLICHE POLARREGIONEN   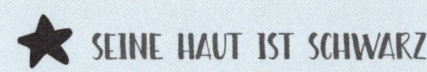 SEINE HAUT IST SCHWARZ!

SATTELROBBE

Robben sind gesellig und in Herden von zehn bis 15 Tieren unterwegs. Sie jagen auch in Gruppen und bevor die Weibchen ihre Jungen zur Welt bringen, kommen einzelne Herden auf dem Eis zu einer riesigen Gruppe zusammen. Die Jungen werden Ende Februar mit weißem Fell geboren. Zwölf Tage lang ernährt die Mutter sie mit sehr fetthaltiger Milch. Dabei nehmen sie täglich fast zwei Kilogramm zu. Die Jungen bleiben so lange auf dem Eis, bis das weiße Fell ausfällt und sie ein wasserabweisendes Fell bekommen. Dann endlich können sie mit ihren Familien schwimmen gehen.

 ATLANTISCHER UND ARKTISCHER OZEAN

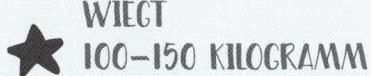 WIEGT 100-150 KILOGRAMM

BELUGA

Der Beluga ist einzigartig, denn er ist der einzige weiße Wal auf der Welt. Er hält sich am liebsten in der Nähe von Küsten, in Buchten oder an Flussmündungen auf, wo das Wasser ruhig ist. Belugas leben in unterschiedlich großen Gruppen, die aus bis zu zehn Tieren bestehen können. Neugeborene Belugas sind dunkelgrau, erst nach ein bis zwei Jahren nehmen sie eine blaugraue Farbe an. Mit etwa fünf Jahren werden sie weiß, weibliche Belugas haben oft einen bläulichen Schimmer. Vor der Kälte schützt sie eine dicke Fettschicht über und unter ihrer Haut.

 IN ARKTISCHEM GEWÄSSER

 WIRD BIS ZU 30 JAHRE ALT

INHALT

WINTERABENTEURER ... 2

Wildschwein 3
Rothirsch 3
Baumstachelschwein . . . 4
Elch 4
Kanadischer Luchs 5
Moschusochse 5
Buntspecht 6
Birkhuhn 6
Kohlmeise 7
Kaiserpinguin 7
Eichhörnchen 8
Maulwurf 8
Eurasischer Fischotter . . . 9
Hecht 9

Landkarte 10–11

WINTERSCHLÄFER 12

Europäischer Dachs 13
Braunbär 13
Kleine Hufeisennase 14
Igel 14
Siebenschläfer 15
Streifenhörnchen 15
Feldhamster 16
Erdhörnchen 16
Fettschwanzmaki 17
Kurzschnabeligel 17
Russische Landschildkröte 18
Erdkröte 18
Ringelnatter 19
Waldfrosch 19
Marienkäfer 20
Weinbergschnecke 20
Rote Waldameise 21
Hummel 21

Landkarte 22–23

WINTERKLEIDER DER TIERE 24

Polarwolf 25
Polarfuchs 25
Hermelin 26
Schneehase 26
Moorschneehuhn 27
Schnee-Eule 27
Schneeleopard 28
Eisbär 28
Sattelrobbe 29
Beluga 29

Tierspuren 30–31

Titel der Originalausgabe: Wild Animals in the Winter World
© Designed by B4U Publishing, 2018
Member of Albatros Media Group
Text: Markéta Špačková und Irena Kocí
Illustrationen: Jana K. Kudrnová
www.albatrosmedia.eu
Alle Rechte vorbehalten

© Circon Verlag GmbH
Baierbrunner Straße 27, 81379 München
Ausgabe 2019

Alle Rechte vorbehalten. Nachdruck, auch auszugsweise,
nur mit ausdrücklicher Genehmigung des Verlages gestattet.

Übersetzung aus dem Englischen: Barbara Swayne
Redaktion: Lea Schmid und Antonia Kalthoff
Fachredaktion: Lars Wilker
Produktion: Ute Hausleiter

ISBN 978-3-8174-2437-5
381742437/1

www.circonverlag.de